ラカンは間違っている

ディラン・エヴァンス

ラカンは間違っている

精神分析から進化論へ

桜井直文　監訳
冨岡伸一郎　訳

学樹書院

'From Lacan to Darwin'
In *The Literary Animal: Evolution and the Nature of Narrative*, eds. Jonathan Gottschall and David Sloan Wilson, Northwestern University Press, 2005, pp38-55.
'Lacan and Darwin – four years on' 2009, (An original essay to this book)

目　次

ラカンからダーウィンへ

はじめに

以下に述べるのはある知的遍歴の物語である。その遍歴は、私がフランスの精神分析医ラカンの考えの熱烈な信奉者になったことに始まり、その五年程後に、結果的にその考えを放棄することに終わる。その二つの出来事の間に、私はラカンについての一冊の本を書き、その本はそれ以来ラカンを使って仕事をする人々が参照する標準的なテクストとなった。ところが、この本、[*1]つまり『ラカン派精神分析入門事典』を出版してから八年が経った今では、〈私の変節に〉当惑したラカン派の人々から電子メールが来るようになった。彼らは、自分たちの世界で主要な文献の一つとされている本の著者が、『進化心理学入門』[*2]などという明らかに非ラカン的なタイトルをもった本を書いていることに困惑しているようだ。メールの内容はともあれ、私の興味を引いたのは彼らが抱く感情だった。彼らは、まるでラカンの弟子だった私が信仰心を捨て師の教えを裏切ったと言わんばかりに衝撃を受け、落胆し、そして憤慨しているようなのだ。メールには宗教的な言葉は使われていないが、どうやら彼らは怒りを抑えることができないようなのである。真実を追究した結果、私の考えはラカンの唱えたものから離れていったが、それは彼らにとって裏切りであり、背教であり、恥辱なのだ。この試論は、このような単純な決め付けを越えて、私の中で起きた変化が如何に、そして何故起きたのかを説明するものである。

だが、まず初めに何故このような私の物語が、文学理論についての本に収録されているのか※を説明した方が良いだろう。というのも、ラカンは文芸批評家ではなく精神分析医だったからだ。このことは彼の考えがよく知られているフランスや中南米では明示する必要もない。パリの精神分析医の診療所やブエノスアイレスの精神病棟に行けば、ラカンの考えに基づいて臨床実地を行っているセラピストに必ずや会うことだろう。しかし、英語圏ではラカンの名はあまり知られてい

※「四年の後に」の冒頭（本書五六頁）参照。——訳注

ない。イギリス、アメリカ、オーストラリアで彼の名を耳にしたことがあるのは少数の文芸批評家や文化論の研究者である。これらの国では、ラカンの考えは文学作品やその他の文化的所産を批評するための道具としてまずは使われている。しかし、根本的に欠陥のある観念から何かを導き出そうとしても、それは不可能である。診療所で使われようと、セミナーで使われようと、ラカンの理論は絶望的に不正確である。なぜならそれは、人間本性についての誤った理論に基づいて組立てられていたからだ。これは私が患者と向き合った時に初めて気付いたことで、ラカンの理論と臨床の現実に開きがあったのである。この開きに気付く文学理論の研究者は少ない。生身の人間が経験する恐怖症やパニック発作などの病気の兆候よりも、テクストを読んだり解釈したりする方が扱いやすいからだ。文学理論の研究者たちが、私の知的遍歴の旅の物語を読むことで、ラカンの概念的な組立てが如何に不十分であるかということに気付いてもらうことが私の願いである。

アルゼンチンでのラカン

私がラカンを初めて知ったのは、一九九二年にアルゼンチンで働いていた時のことだった。アルゼンチンにおいて、精神分析は一つの主要な文化的勢力で、ブエノスアイレスにおける一定人口当たりの精神分析医の数は世界のどこよりも多く、ニューヨークよりも多い。フロイトがほとんど完全に無視され低く評価されていた文化的な環境から来た私にとって、ブエノスアイレスで精神分析が持つ威信と権威は驚きだった。私はイギリスの大学を卒業したばかりで、チョムスキーを枠組みとした言語学を専攻していた。イギリスでは、フロイトについて学ぶことなく言語学や心理学などの認知科学のコースを卒業することができる。これがアルゼンチンでは、心理学領域の学位の七〇%以上が精神分析に関するもので、そしてその中の多くは特にラカン派の精神分析である。

アルゼンチンの精神分析に対する価値観が「イギリスとは」あまりに違ってい

たので、私はイギリスの精神分析に対する標準的な価値観に疑問を感じるようになった。何故私はフロイトを軽蔑視するような姿勢を疑うことなく受け入れていたのだろうか。イギリスの基準がブエノスアイレスのものより優れているなどと誰が言えよう？　私は、自分の知識に対する見方が自国中心的だったのではないかと、疑問を抱くようになった。

ラカンに興味を持った私は、アルゼンチン人の精神分析医数名が週一度行っていたラカンについての勉強会に参加するようになった。ラカンの提示する見解は、フロイトと言語学に基づくものであるため、この会は相互にとって有益なものだった。私は彼らからフロイトを学び、彼らは私から言語学を学べるからだ。しかし、すぐにわかったことだが、ラカンが興味を示した言語学は、私が大学で学んだ言語学とは異なるものだった。ラカンはほとんどチョムスキーの見解を取り上げず、取り上げたとしてもどこか軽視しているようなのだ。ラカンが最も多く参照した言語学者はフェルディナン・ド・ソシュールで、私の大学時代には、言語学プロパーではなく文学理論の中で学んだ人物であった。つまり、その勉強会では私の知識はあまり役に立たなかったのだ。だが、そのことはもうどうでもよかった。その時にはもうラカンに夢中になっていたのだ。

ラカンのセミナーは、喩えるならば「知識のフルコース」とでもいえるものであった。幅広い様々な分野からの考察は面白く、はっとさせられることも多かった。ソポクレスの悲劇の細部を細心の注意を払いながら分析していたかと思えば、カントの道徳哲学を風刺風にからかってこき下ろし、その後で臨床的なひとコマに話は飛躍し、最後にベルニーニの彫像の話で終わる。これらの考察には、右も左も分からない初学者に対する配慮などみじんもない。ラカンは、幅広い知的な領域をカバーするルネサンス的人間で、フランスにしか見出せない知識人なのだ。そして、彼は聴衆のために親切な説明をすることはせず、彼が精通しているように見える様々な文化的な領域に、聴き手もまた精通していることを求めたのである。だれもが、この偉大な教師の話をまぢかに聞けるということはとても光栄なことに感じた。

もちろん、問題は、私が彼の考察に使われる分野の事柄のうちのほんのわずかなものにしか精通していないということだった。これは勉強会に参加していた他の精神分析医にもいえることだった。そのため、私たちはラカンが参考にした原典を理解するために多大な時間を費やした。原典の数は非常に多く、どんなに調べても私たちは常にまだ何かが欠けていると感じた。ラカンの本当のメッセージには、いつもあと一歩のところで及ばないのだ。あともう少し勉強すれば彼の本当のメッセージにたどり着くことができるかもしれないと思うことはあったが、いくら勉強しても、虹の終わりを見つけることができないように、彼のメッセージは遠のいていくのだった。そして言うまでもなく、そのことが彼のセミナーの魅力であり、私が夢中になった理由でもあった。

　この頃から私は、ラカンの著書やセミナーで最も頻繁に使われていた用語や術語を書き留めるようになった。当初、パソコンに保存されたメモは、引用文を列挙しただけの簡単なものであったが、語句注釈や相互参照をつけ加えるうちに、多大な情報量を有するデータベースとなっていった。私はこのようにラカンの術語と概念を記した図を作っていき、同時にこれが私の発見の記録となった。ここでラカンをあまり知らない人のために、ラカンの主要概念を挙げようと思う（ラカンの提示する学説に精通している人は、どうか次の部分をとばして先に進んでほしい）。

《鏡像段階》：ラカンは、フランスの心理学者アンリ・ワロンが行ったある観察に魅了された。その観察とは、鏡に映った自分の姿を見た時、人間の幼児と若いチンパンジーがそれぞれに示す反応が違うということである。ワロンによると、人間の幼児は鏡に映った自分の姿に強い興味を示すが、若いチンパンジーはすぐにそっぽを向いてしまう。ラカンにとってこの違いは、視覚的イメージに魅了され、そして、「想像界 the imaginary」で生きるという、人間の基本的な傾向を表していた。この考えと、マルクスの疎外やイデオロギーの概念、デュルケームのアノミー、サルトルの「虚偽意識 bad faith」との間には興味深い類似がある。

《象徴秩序》：「想像界」の幻想から抜け出す方法は一つだけである。すなわち、そうした幻想を作り上げている言語的な記号を明らかにすることである。イデオロギーが経済的な諸力の産物であり、それを覆い隠すものであるとマルクスが考えたように、ラカンは、「想像界」が言語的な諸力の産物であり、それを覆い隠すものであると考えた。《人間の行動を決めるのは、心の眼に映る絵画的イメージの流れではなく、そのイメージの下に横たわる語と文の無意識のネットワークなのだ。》

したがって、精神分析による治療とは、とりわけ言葉 speech に関する治療だった。ラカンは、彼の時代の精神分析がその治療において言葉の役割を無視するようになっていたことを批判し、治療は患者の発話の言語学的分析を中心としなければならないと主張した。ラカンが言語学を重要視した理由がここにある。

《知っていると想定された主体 subject-supposed-to-know》：精神分析医は《自身》を、患者の言葉の隠された意味を暴くことができるエキスパートと考えてはいけないが、《患者》は、「精神分析医はそれができる」と考えるべきであると、ラカンは考えていた。つまり、精神分析医は全知全能でも、秘密の知識を持っているわけでもなく、患者によって、そうした知識を持っているとたんに「想定され」ているに過ぎない。治療を続けるうちに、患者はそれがただの思い込みであったに過ぎないと気付き、つまり、「想定を解 de-suppose」き、精神分析医を信頼しなくなる。このプロセスこそが、精神分析による治療のすべてなのである。では何故、精神分析医は患者に秘密の知恵などないことを教えずに、患者を騙すようなことをするのか。それは、こうした困難なやり方で学ぶことによってはじめて、患者は、辛い幻滅のプロセスを経験することができ、それによって、人生の鍵を握るのは他の誰でもない自分であるということに気付くことができるからだ。

ラカンのバロック的な概念建築には、これ以外にも興味深い術語が多々あり、彼の著書を読むにつれて私の引用文と語句注釈のデータベースは相当なものに膨れあがっていった。このどちらかと言えば当座の仕事を一年間続けた後、ふと気付いたのは、私がやっていたのは出版してもいいような事典作りの仕事だったのではないか、ということだった。そして実際に、そうした事典〔『ラカン派精神分析入門事典』〕に、その仕事はなったのである。[*3]

イギリスでのラカン

一九九三年十二月、アルゼンチンでの雇用契約が終わり、その翌月に私はイギリスに帰国した。そこで私は、母国イギリスでラカン派のグループと連絡を取ってみた。イギリスの状況とアルゼンチンの状況とはとても違っていた。ブエノスアイレスでは、ラカン派の精神分析医になる方法が複数あるのに対し、イギリスで認知されている訓練団体はただ一つ、フロイト派分析研究センター the Centre for Freudian Analysis and Research（ＣＦＡＲ）だけなのだ。アルゼンチンでは、ラカン派分析医になるための訓練は、フロイト派やユング派分析医の訓練と異なり、あまり形式張ったものではない。しかし、イギリスで精神療法を取り仕切る複数の（法人）団体の規定に沿うために、ＣＦＡＲは慣習的な訓練制度を取り入れている。アルゼンチンでラカン派分析医の療法を一年以上受け、ブエノスアイレス大学で精神分析の学位を取得し、無数の講義を受けた私だったが、ＣＦＡＲ

では初めから訓練を受けるように強く言われたので、そうすることにした。

それからの二年間、私はＣＦＡＲで訓練を受けながら、パリにいるフランス人精神分析医のセッションに通い、自身の分析を続けた。月に一度パリに行き、二、三日に六、七回のセッションを詰め込んだ。同時に、カンタベリーにあるケント大学の精神分析学の修士課程で学びながら、ラカンの術語事典の作成に励んだ。すべてが順調に進んでいるように見え、私自身がラカン派分析医になるのも時間の問題と思われた。そして、生涯精神分析医として働くものだと思っていた。

しかし、この時すでに、私の心中では疑念が生じていた。ラカンの論じる見解の根本を最初に疑ったのがいつであったかは覚えていないが、パッと閃いたわけでもなければ、間違った方法、間違った学説に専念してしまっていたのではないか、と突然気付いたわけでもなかった。むしろ、私の疑念は徐々に膨らんでゆき、ラカンの学説とラカン的な療法に対する理解が深まるにつれて、彼の学説の矛盾点と療法の危険性が明確になっていったのである。

学説に関しては、ラカンの術語の事典を書いていたことが、ラカンに対する疑念を抱く契機となった。ラカンの教えに対する理解が深まるにつれて、学説の内的矛盾や、外的検証の欠如がますます明白化していった。また、ラカンの奇妙な比喩の意味を理解しようとするうちに、彼の使う晦渋な言葉や言い回しは、その背後になにか深い意味が隠されているのではなくて、実は、彼が自身の考えに対して抱いていた迷いの表れであるということが明らかになっていった。他の注釈者はラカンに真似て曖昧さを大事にしたが、私はその靄を取り除き——たとえそれが、王様は裸だという事実を見ることを意味するとしても——表面下にあるものを露呈したかったのだ。事典の序文に私はこう書いている。

「〔ラカンの著作のほぼすべてに見られる〕この不分明さは、ラカンがわざとそうやっているのであって、それというのも、彼の学説を少数のエリート知識人の独占的所有物にしておき、外部の批判から守るためだ、とさえ考えられている。もしそれが本当ならば、この辞典の目的はそれとは反対の方向に向かうことである。すなわち、ラカンの言説を広汎な吟味と批判に向けて開こうとすることである。[*4]」

皮肉にも、ラカンの学説を批判に向けて開こうとするこうした試みが、私自身がラカンの学説を否定することになる上で大きな役割を果たしたのである。

ラカンの学説に疑念を抱き始めた頃、私はラカンの精神分析療法にも疑問を抱くようになっていた。私に対するパリの精神分析医の分析はブエノスアイレスの分析医の分析とはかなり異なるもので、しかも、満足度の点でもはるかに劣るものだった。分析医が基としている〔同じラカン派の〕学説よりも、分析医の人となりのほうが、私に対する分析の進捗状況を決定するのに大きな役割をはたしているようなのだ。精神分析の実習を通じても、同様の発見があった。一九九六年には、私は分析医として個人的にも、また、ロンドン南部にある国立病院の精神病科でも患者を診るようになっていた。

イギリスの公的ヘルスケア部門の外来で精神療法を提供するカウンセラーとして働いたことは、それから八年経った今でもいい思い出として記憶に残っている。

小さな相談室で見知らぬ他人の秘密、それもカウンセラーとして働いていなければ知りうることのできないような内面を目の当たりにすることによって、人間の本性について学び、知ることができた。それは慎ましく深遠で、そして時に痛ましい経験であった。実際に人を助けることができた時もあったと思う。しかし、なんら影響を与えることがなかったことや、逆に傷つけてしまったことがあったのは確かだ。大勢のセラピストが抱えるジレンマと悪戦苦闘しながら、私に十分すぎるくらい明らかになったことが一つある。それは、誰かを助けることができたのは、ラカンの学説から一旦離れ、直感や共感、そして常識で応じた時であったということだ。反対に、ラカンの教えに基づいたと思える療法が効果的であることはめったになかった。事実、患者は混乱し、うろたえることが多かった。

昼食や毎週のグループ指導の際、同僚との話の中で、精神療法への様々なアプローチに私は直面した。どの療法にも独自の術語や臨床テクニックがあり、皆自分のアプローチが一番効果的であると確信していた。しかし、患者の回復率に差はなかったのである。私たちは異なった言語で、しかも、自分たちの見解の正誤を測る共通の判断基準がないまま話をしていた。精神療法と精神分析は明らかにきわめて問題の多い状況にあった。とうとう私は、どのような種類のものであれ、精神分析も精神療法も続けることはできないと思うようになってしまった。その時から、どの派に属するセラピストであれ、セラピスト自身が疑念を抱いている治療方法で患者を治療するのは倫理に反すると考えるようになった。そしてその考えは今でも変わらない。このことやその他の理由で、私は臨床の仕事から徐々に離れていき、もっと偏りのない学問研究の分野で自身の抱く疑問を解こうと決めた。学位を取るために博士課程に進もうと思ったのである。

アメリカでのラカン

私は、イギリスやアメリカの様々な大学に願書を提出した。心理学部は言うまでもなく論外だった。アメリカやイギリスの中堅大学において、ラカンに興味を示す心理学部はなかったからである。様々な選択肢を探るうちに、著名な女性のラカン学者がニューヨーク州立大学バッファロー校の比較文学学部にいることを知った。珍しい場所にいるとは思ったが、これも仕方のないことと思った。私は、英米的心理学部が精神分析に対して抱く偏見や先入観が、きっと強制的に彼女をこの位置に追いやったのだろうと思ったのである。事情がよくわかっているアルゼンチンの心理学者はラカン派の学者が彼らの学部に来ることは大歓迎だが、わからず屋のアメリカやイギリスの学者にはそうしたことは全くない。その結果、理解されないラカン派の学者は、おうように彼らを受け入れてくれるような唯一の学部、文学や文化研究の学部に逃げ込むしかない。私はバッファローに行こうと決心した。

文学や文学理論に興味を持っているわけではなかったが、そのことはあまり関係ないように思えた。大事なことは、ラカンの学説に精通し、共感を抱いている指導教員と共に学ぶことであった。更に、バッファロー校の比較文学の学部のメンバーや大学院生の研究の多くは、文芸批評よりも哲学に近かった。確かに、分析哲学というよりは西洋哲学であったが、哲学は哲学である。なにより、それが私の求めていたものであった。ラカンの学説には明らかな矛盾や間違いがあるのではないかというますますつのる疑念を解くことができるかどうか確かめるために、ラカンの学説を徹底的かつ厳正に哲学の観点から分析したかったのである。

しかし、入学してすぐに、私の方針はバッファロー校の学問的雰囲気とは違うことに気付いた。そこの大学院生も私の指導教員も、ラカンの学説の整合性や正しさに特別関心を抱いていなかったのである。彼らにとってそれは愚問であり、ラカンに対する素朴な無理解を示すものに過ぎなかった。彼らにとって、ラカンの学説の事実的な正しさを追究することは、詩や交響曲の事実的な正しさを追究することと同じくらいばかげたことなのだ。ラカンの学説の価値は、如何に事実を描写できるかではなく、如何に文学テクストを新しいやり方で解釈することができるかということにあった。文学理論に夢中になっている学者にとっては、これは自然なことのように思う。しかし、私にとってはこれは、ラカンの研究や彼自身の人生の全体的な方向性と明らかに矛盾しているように思えた。ラカンは、文芸批評家ではなく、精神分析医だったからである。確かに、ラカンは彼のセミナーや著書の中で多くの時間を使って文学書を取り上げている。しかし、彼は一度も文芸批評を試みたことはなかった。ラカンは、文学としての文学には少しの興味も持ってはいなかったのだ。彼が文学書や芸術作品を取り上げる際、彼の動機はたった一つで、それ以外の動機はなかった。すなわち、文学書や芸術作品を例に精神分析的概念を例証することによって、他の分析医がその概念をより理解し、臨床現場で活用できるようにすることである。

ブエノスアイレスやパリのラカン派精神分析医にとってそれは十分過ぎるくらい明らかなことだった。彼らは、ラカンと同様に、イギリスやアメリカの文芸批評や文化研究の学者たちによる精神分析の倒錯にぞっとしていた。ラカンは、精神分析の「解釈学化」と彼が見るものに嫌悪を示し、精神分析学はどんな分野にも「応用」できる一般解釈学ではなく、特定の分野の、すなわち、精神分析治療のためのセオリーであると反論した。ラカンにとっては、彼の学生が芸術や文学についての理解を深めようが深めまいがどうでもよかった。唯一大事なことは、精神分析に対する理解を深めることだった。精神分析学とは、まず第一に、患者を治療する方法であり、次に、その方法がどう機能し、それにどのような効果があるかということについての理論なのだ。

しかし、バッファロー校のラカン学者の大部分は、そのような方法に対する理解も実践経験もなかった。彼らは、ラカンを完全に文芸批評のコンテクストの中で読み、臨床的な基礎についてはほとんど考えてもみなかった。だから、彼らにとって、ラカンの提示する見解の整合性や正しさが、彼らの関心の対象外だったことは不思議でも何でもない。彼らは、ラカンのプロジェクトの全体を完全に誤解していたのだから。

真実と証拠

バッファロー校に愛想をつかせた私は、別の場所で学位取得のための研究を続けることを決心した。ロンドン大学のカレジの一つであるロンドンスクールオブエコノミクスの哲学部に入るため、一九九七年に私はイギリスに戻った。そこの雰囲気は、バッファロー校のものとは全く違っていた。哲学部は分析哲学の巨星の一つであるカール・ポパーによって設立され、彼の影響がいたるところに見られた。ここでは、書く内容に、空っぽの比喩や奇怪なごまかしではなく、明確さと簡潔さ、そして何より証拠が求められた。どれほど明瞭な（または、どれほど奇妙な）意見でも、証明することができなければ無価値と見なされるのだ。

そうして初めて、私は精神分析を証明する証拠がいったい何であるのかという問いを今まで一度も問わなかった自分に気付いて愕然とし、恥ずかしいと思い始めた。フロイトとラカン、二人の偉大な話術師の華麗な文体に単純にも乗せられてしまい、一番大事な問いを発するために立ち止まることをしていなかったのだ。つまり、彼らの遠大な主張は、いったいどんな証拠に基づいていたのか、そして、その証拠は、彼らの主張を支持するのに十分なほど堅固なものだったのか。

フロイトに関しては、まさにこの問いを吟味するための数々の学者の先行研究が示すように、なされるべき議論の少なくともいくつかがなされてきた。科学哲学をやっている哲学者たちは、ここ数十年、統計分析一般との対比で症例研究の証拠能力、そして特にフロイトの症例の価値について議論してきた。精神分析学者たち自身は、彼らの学問の創始者を徹底的に検証することに対してそれほど積極的ではなかったものの、ある者は少なくともそうした努力をしていた。彼らが出した結論が間違っていることはあっても、彼らは問題そのものは認識していたのである。

しかし、ラカンについて言うと、事情は全く違っていた。彼の信奉者は、証拠を求めるようなことはしなかった。偉大なる師が書いたことは、まるで聖書の教えのように疑われることなく受け入れられた。ラカンの言うことは、彼が言ったという理由だけで、すべてが正しいと見なされた。ラカンのセミナーで行われる討論の焦点は、純粋な解釈論義だった。すなわち、師はかくかくの言葉でいったい何を意味していたのか、ということだった。誰もそこから論理的な一歩を踏み出して、彼は正しいのか、と尋ねることはしなかった。彼が正しいということはたんに前提されていたにすぎなかった。

ラカンは何故、批判を免れていると想定されたのだろうか。ローマ教皇のようにある種の不可謬性を持つと想定されたのだろうか。その不可謬性はいったい何に由来するものなのか。実際は、ラカンの弟子たちの師に対するたんなる投影にすぎないのではないか。つまり、彼らは、ラカンのいう「知っていると想定された主体」、すなわち患者に対する分析医の立場にラカンをおいていたのではないか。もしそうならば、「治療」の成功とは、ラカンが詐欺師であるということを発見することを意味したのではないか。つまり、彼が他の人々と同様に真実を知らない、あるいはひょっとすると、他の人よりももっと知らないということを発見することだったのではないか。

　ラカンを支持する友人たちにこの質問を投げかけるのは、若干勇気のいることだった。彼らの反応はたいていちょっとふざけたもので、「いったい真実とは何かね※」と見下すように笑いながら聞き返してくるのである。「きっと事実が信じられないんだね」と。私は、そこでハッと気付いたのである。真実について論じていたにも関わらず、ラカンはほんとうは真実などどうでもよかったのだ。そして、彼の信奉者も同じだった。つまり、彼らは、固有の証拠の上にではなく、彼らの願望の上に彼らの信条を築いていたのだ。私はこの好奇心の放棄、人間の知力の浪費、幻想のための幻想への恥知らずな居直りにぞっとし、嫌悪感を抱いた。そこで私は、心を理解するためのもっとましな方法を探しはじめることにしたのである。

ロンドンスクールオブエコノミクス（LSE）の博士課程に入学した頃は知らなかったことだが、私の新しい拠点となるこの場所で、ラカン派ならおそらく自分たちとは正反対の立場だと思うような学派が生まれつつあった。進化心理学 Evolutionary Psychology と呼ばれたそれは、LSE内のどこでも受け入れられていたとはけっして言えなかったが、その影響ははっきりと見てとれ、とりわけ、ダーウィンセミナーと呼ばれる影響力のあった一連の公開講義においてそれは顕著だった。毎月行われるこの講義には、多くの学者、著者、ジャーナリスト

※十字架にかけられようとするイエスに対して総督ピラトが投げかけた有名な問い（ヨハネによる福音書18：38）。——訳注

らが、ダニエル・デネットやスティーブン・ピンカーなどの国際的著名人の話を聞くために集まり、講義室は満員であった。何より、私はこの講義に、今まで感じたことのなかった知的興奮を覚えた。このイベントは、ヘレナ・クローニンという素晴らしい女性が企画し、取りまとめていた。ヘレナは、一つならずの新聞から、啓蒙時代の偉大な哲学者たちが訪れたサロンの主人公であったパリの貴婦人たちに喩えられていた。

ダーウィンセミナーは、まさに私が求めていたものだった。つまり、私が過去五年間にわたって泥沼のようにはまりこんで抜け出せなかったラカンの学説とは全く別の新しいしかたで人間の心を捉えようとしていたのだ。このことは私の知的な問題状況をがらっと変えた。それまでは、深刻な欠陥のあることがわかっている学説はあってもそれに取って代わるものがないという状況だったが、今や、二つの異なる学説を比べて選ぶことができるようになったのである。そこで私は、それぞれの学説を比べ、それぞれがどれだけ証拠と正面から向き合っているかをみることに着手した。

ここで私は、私の自伝的な話から、理論的な議論に話を換えたいと思う。ただし、そうするのは、この後で、私の知的遍歴がいっそう容易になったからでも、いっそうつまらなくなったからでもない。実際はむしろその逆だった。身についたラカン的思想をぬぎ捨てることは、私にとって困難で辛いものだった。また、精神分析に対する疑念が、自分の抑圧された願望のようなものによって動機づけられているのではないか、はたまたそれがある種の「治療に対する否定的な反応」、つまり精神分析の進行に対する抵抗に過ぎないのではないか、などとあれこれ思って苦悩したことも少なからずあった。しかし、私がラカンの学説を完全に放棄し進化心理学者となることをとうとう自分自身の中で確信したのは、抑圧された願望のせいではなく、結局のところ、知的な論拠と経験的な証拠のためだった。だから、私が今から話さなければならないのは、その論拠と証拠についてなのである。

前述のように、確かに、進化心理学をラカン派の多くの学者は、自分たちとは正反対の思想であると思っている。しかし、実は、この二つの学説には驚くべきつながりがある。というのも、ラカンは、後に進化心理学の基礎となった動物行動学と認知科学を初めて取り上げた精神分析学者の一人だったからだ。確かに、ラカンはこれらの新しい学問領域に対して根本から批判的で、結局それらを否定し、より伝統的なフロイト説に回帰するのだが、動物行動学と認知科学によりいっそう共感的だった時もあったのである。ラカンが自らの進む道を変えた理由は、今日でもなお問題となる次のような議論の核心に触れるものである。すなわち、心を生物学的に、そしてコンピュータとして見る心についての新しい理論は、感情や主観性を的確に捉えることができるような概念的な手段を有しているのか、それとも、感情や主観性を理解するためには精神分析学的観点がどうしても必要なのか、という議論である。これこそ、進化心理学に出会ったことにより私が直面しなければならなかった議論だった。

ラカンと動物行動学

まずは動物行動学について記したいと思う。後に動物行動学がどのように発展していったかを考えると、ラカンが動物行動学について述べたことは、見ようによっては気味が悪いくらい予言的に見える。ラカンが、鏡像段階の概念を構築し始めた時、動物の行動についての科学的研究は始まったばかりだった。動物行動学の父、コンラート・ローレンツは、動物学者には注目されていたものの、心理学者からは完全に無視されていた。心理学者は、人間と動物の間に「越えられない隔たり」があるという考えにまだしがみついていたからだ。第二次世界大戦後、より生物学の観点に近づいた行動科学を発展させたことにより、心理学者たちは次第に動物行動学に関心を示すようになった。そして、ジョン・ボウルビィがこれらの新しい発展を精神分析学の世界にもちこもうとしたのである。しかし、一九三六年において、このような風向きを見越していたのはラカンだけだった。マリエンバードで行われた第十四回国際精神分析会議で、ラカンが「鏡像段階」に関する論文を発表して聴衆を驚かせたのはこの年だったのである。

ラカンは初めに、彼の友人でフランスの心理学者でもあるアンリ・ワロンが一九三一年に行った「鏡像実験」と呼ばれる実験について説明した。ワロンは、人間の幼児とチンパンジーが鏡を見た際の、それぞれの反応を比べた。実験の結果、人間の幼児もチンパンジーも、生後六ヵ月で、鏡に映っているのが自分の姿であるということを認識し始めることが分かった。しかし、自分の姿を見た後の反応に、人間の幼児とチンパンジーでは重要な違いがあると、ワロンは主張した。人間の幼児は鏡に映った自分の姿に魅せられて、もっとよく見るために鏡に近寄り、手足を使って現実と鏡に映った自分の姿の関係を知ろうとするのに対し、チンパンジーはすぐに興味を失くし、他の対象に向かってしまうのだ。

ラカンはこの観察結果に依拠して人間の主観性の発達を説明しようとした。すなわち、人間の主観性は、ものごとを比較するというところにその本性があるのであって、そのことは、たとえしばしば隠れて見えないとしても、人間の主観性の中にもともと備わっているものなのだというのである。そのような人間の主観性は、人間に最も近い親戚であるチンパンジーのものと比べることによって、初めて理解できるものだった。進化心理学が人間の心を理解するための有力なツールとしてますます認知されるようになった今日では、こうしたアプローチはとくにどうということはない。人間とチンパンジーが彼らの鏡像を認識する際の反応の違いについてのワロンの観察は、文学においてすらもはや陳腐なものとなっている。一九七〇年代には、アメリカの心理学者、ゴードン・ギャラップが、独創的な工夫を加えた鏡像実験でチンパンジーの自己意識 self-awareness を測ろうとした[*5]ことがもてはやされた。しかし、時代錯誤的に現代の物差しを過去に当てはめることで、一九三六年のラカンの着眼の先見的な性格を見逃してはならない。その頃、比較心理学はまだ生まれたばかりで、ほとんどの心理学者は人間とチンパンジーを比較することなど考えもつかず、考えてもせいぜい筋違いと思っていた。そんな中、新しい精神分析の概念の基盤としてワロンの実験を援用したラカンは、この上なく大胆だったのである。

しかし、なぜかラカンは、ジョン・ボウルビィのように、精神分析を「動物行動学化」する熱心な推進者にはならなかった。他の者たちが数十年後にそうすることになるように、鏡像段階の概念を進化心理学という未開拓の領域にもちこむのではなく、それをフロイトの学説に織り込もうとしたのである。その後の数十年で、生物学的成熟の一局面としての鏡像段階についてのラカンの初期の説明は、それについての発達論的ではない解釈によってますます置きかえられていった。一九五〇年代初頭には、鏡像段階は、もはや、成熟の過程で幼児が通るたんなる一局面としてではなく、「主観性の不変的な構造[*6]」「身体イメージとの本質的にリビドー的な関係[*7]」と定義されるようになった。

鏡像段階についてのこのようなラカンの考えの発展は、ラカンの仕事全体の変化を凝縮したかたちで映し出している。ラカンの仕事の他の側面も、生物学の経験的な世界から、「構造」という形而上学的な世界へ、という同一の移りゆきを示している。はじめは動物行動学を頻繁に参照していたラカンだったが、彼の仕事の発展とともに、その頻度はますます少なくなる。一九四九年に発表した鏡像段階についての論文で、ラカンは、イメージの重要性についての彼の考察を基礎付けるためにハトとバッタの実験を援用している。[*8] その五年後、ラカンはなお、「生得的解発機構」などの動物行動学的概念をときたま用い、ローレンツやティンバーゲンの名前を引用している。[*9] しかし、その後まもなくして、ラカンは動物行動学から遠ざかる方向へと舵をきり始める。一九五三年、彼は、大いにもてはやされたあの「フロイトへの回帰」を宣言し、それによって、フロイトの学説の中で近代生物学とは容易に整合しない側面を開拓し始めることになる。たとえば、フロイトの「死の本能 death instinct」の概念を吟味した時、ラカンは、その概念に生物学的な意味を与えることは不可能だということをすぐに悟った。しかし、ラカンは、フロイトのこの概念が不必要であると結論付ける代わりに、フロイトはその概念を生物学的な概念としては意図しなかったとすることによって、その概念を救おうとした。すなわち、「死の本能は生物学の問題ではない」とラカンは主張したのだ。[*10] しかし、フロイトの著書は、それほど自由自在な解釈を許すものではなかった。彼の本能論は、明らかに生物学的枠組みの中に位置付けられていたのである。したがって、フロイトの概念が生物学上のものではないという解釈を救うために、ラカンは苦しい逆説を展開しなければならなくなった。すなわち、「フロイト的な生物学は、生物学とはなんの関係もない」と彼は主張したのである。[*11]

では、実際の生物学とはなんの関係もないなら、この「フロイト的な生物学」とは一体何だったのか。ラカンは何も語らなかった。ラカンは、フロイトの本能の理論を動物行動学や比較心理学との接触からますます離れる方向で解釈し直す仕事を続けた。彼は、ストラッチーが Trieb を instinct（本能）と訳したことによって、フロイトの概念が誤解されてしまったと非難し始めた。つまり、フロイトが立てた、人間の Trieb と動物の Instinkt との間の区別が、曖昧になってしまったと言ったのである。柔軟で文化的に決定された人間の行動と、固定的で生物学的に決定された動物の行動との違いを強調するためには、Trieb というフロイトの術語は drive（欲動）と訳されるのが正しいと主張したのである。

一九三六年における鏡像段階の考察においてはあれほど大胆に疑問に付した人

間と動物の根本的な差異というキリスト教の正統的な考えが、今やラカン自身の仕事の中にひそかに忍びこみ始めていたのである。一九五〇年代半ばには、ラカンは、ますますフランスの人類学者、クロード・レヴィ＝ストロースの影響を受けるようになっていた。レヴィ＝ストロースは、「自然」と「文化」との間には大きな存在論的隔たりがあると主張した。この見解により、ラカンはさらにいっそう、文化論的側面からのフロイト読解を進めるようになった。フロイトの著作の中のあらゆる生物学的な術語は、文化的現象の比喩として改めて解釈し直された。フロイトのファルス（男根）についての陳述は、たんなる生物学的な器官のような陳腐なものとは全く無関係で、文化的象徴を指すものであるとラカンは主張した。フロイトの「膣オルガズム」についての間違った理論も、生物学に関係するのではなく心理的満足を指すものであると論じることによって救われうるわけである。[*12]

しかし、この方法は失敗に終わった。それは、フロイトの学説を、近代生物学によって論破されることから救うように見えたが、その代償にフロイトの学説からあらゆる経験的意味を奪い去ってしまった。生物学的なフロイトは間違っていたが、少なくともその概念は明確で検証することができた。ラカンが作り出した文化的・言語学的なフロイトは、どんなしかたでもまったく検証することができないしろものだった。文化的・言語学的なフロイトは生物学的な反証を受けつけないだけでなく、そもそもどんな証拠も受けつけなかった。つまり、フロイトの学説が近代生物学に致命的に論破されないように、ラカンはフロイトの学説を科学の世界から完全に切り離したのだ。

もちろん、ラカン自身はそうは考えていなかった。ラカンは当時、フロイトを文化理論家として解釈し直そうとし始めていた。これは、今日の私たちから見れば明らかに反科学的な動きなのであるが、当時としては、それはそれほど自明なことではなかったのである。一九五〇年代半ば、レヴィ＝ストロースやその他の人類学者たちは、文化についての真に自律的な科学の構築という約束を掲げていた。彼らは、当時発展途上にあった構造言語学が、文化研究に対して、生物学的ではないが、生物学と同様の科学的基礎を与えると考えたのだ。彼らは、文化と自然、人間と動物を区分したように、科学的探究も二つの別の世界に区分した。生物学を含む自然科学は、物理学を土台にできるが、社会科学は、その基礎と方法に関して、言語学を参考にする。この二種類の科学は、等しく科学的であるが、相互に自律的でありかつ独立したものと想定されていた。

こうした社会科学の見方は、標準社会科学モデル Standard Social Science Model と呼ばれている。なぜなら、その見方は二〇世紀を通じて人類学、社会学、そして心理学を支配したからである。[*13] しかし、標準社会科学モデルは、この一〇年の間に解体し始めている。つまり、それは、科学についてより統合された見方により、ますます取って代わられつつある。近年、科学を自然科学と社会科学に分けるこうした考えは、研究者たちがそうした考えがほんとうのところいったい何であるのかということを認識し始めるにつれて、ますます疑問に付されるようになっている。すなわち、そうした考えは、結局のところ、人間と他の動物の間に根本的な差異を認めるあやしげな〔人間の起源を神の創造と考える〕創造論者 creationist の最後の隠れ場なのである。科学を、一貫した方法にもとづく基本的に一つの活動と見る見方に促されて、現代の研究者たちは生物学と心理学を切離そうというどんな企てに対しても疑い深くなっている。動物行動学者たちの仕事の上に立って、進化心理学者たちは、生物学理論の上にしっかりと基礎を置いた・行動に関する統一科学を構築しようとしている。彼らの仕事は、人類学、言語学、認知科学、そして経済学における研究に今やますます影響を与えている。標準社会科学モデルは、新しい統合因果モデル Integrated Causal Model によって置き代えられつつあるのである。

このような今日のパラダイムシフトから展望すると、ラカンの知的な発展は悲劇的なペーソスを帯びる。彼の初期における動物行動学への大胆な取り組みは、悲しいほどに予言的である。もし彼がそれを突き詰めていれば、おそらく、フロイトの覇権を疑い、よりいっそう生物学に基礎を置いた心理学に向けて一歩踏みだした最初の人間たちの一人になっていたかもしれない。だが、彼は結果的に歴史上の袋小路となるもの、すなわち、標準社会科学モデルという呪われた研究プログラムに精魂をそそいでしまったのだ。

興味深いことに、ラカンの退歩はフロイトの知的遍歴とも重なっている。フロイトは生物学者として出発した。彼が最初に公にしたのは、解剖学と生理学に関する論文だった。その後、彼は神経学に興味を持ち、少しの間神経学的用語を使って心理学を説明する方法を模索していた。しかし、彼の論文、「科学的心理学の構想 The Project for Scientific Psychology（一八九五年）」が完結することはなかった。彼の、神経連結についての空想的な憶測を実証することは不可能だった。活動中の脳を調べるすべは、一九世紀末にはなかったからである。脳の構造を探るたった一つの方法は検死で、精度の低い顕微鏡を頼りにしたものだった。思考中の脳の活動が毎秒ごとに変化する様を示すことができる磁気共鳴画像法（ＭＲＩ）や、シナプス間隙の微細な構造を見ることができる電子顕微鏡がなかった当時、フロイトには神経学的ではない道を探るしか方法はなかった。「科学的心理学の構想」の後、彼はますます生物学から離れて認知的な視点に移行し、最後に文化的視点がきわめて色濃い立場に移行するのである。もし彼が一世紀遅く生まれていれば、物事は全く違ったかもしれない。神経学の最近の発達にフロイトは仰天するであろう。ＭＲＩを自由に使うことができていれば、もしかしたら彼は精神分析学など考えつきもしなかったかもしれない。

ラカンと認知科学

以上が動物行動学についてである。さて、進化心理学を支えるもう一つの柱は認知科学である。そして、ラカンは、この学問領域についても、それを取り上げた最初の学者の一人であった。一九五〇年代、短期間ではあるが、ラカンは認知科学の中心に位置する心のコンピュータモデルに興味を抱いた。今日、心がコンピュータであるという考えは、人工知能学、言語学、哲学、神経科学、そして人類学においてすら、そこで行われる多くの仕事にとって中心的なものとなっている。しかし、その中でも心理学は、その考えによってもっとも益を受けたものと言わなければならない。それを使って検証可能な仮説をたてることができるような厳密な言語を心理学に提供することによって、コンピュータをモデルとした心の理論は、認知心理学という新たな領域を切り開いたのだ。そしてそれは、おそらく、心の働きに関する最初の真に科学的な説明なのである。

心を理解するための手段として、その時々の最新技術と比べるという手法がよく使われてきた。過去数百年間、心は時計や電信システムなど様々なものに喩えられてきた。フロイトもこの手法を使った一人だった。同時代の科学、つまり、一九世紀に発達した水力学から多くのものを借り受けて、フロイトは心を運河や水路のシステムとして考えた。水路はときに塞がるが、その場合、水はすぐに別の運河に流れ込む。こうした比較の問題点は、それらが興味深い比喩の域をほとんど出ていないということだ。つまり、それらによっては検証可能な予測を立てることができないため、心の理解を深める役にはほとんど立たないのだ。特に、これらのモデルには、量的な次元が欠けている。フロイトが提示した心の水力学モデルにおける「心的な水 mental water」の圧力（衝迫 Drang）は、理論的には量的（ないし、経済学的）現象であったが、彼はそれを量る方法を特定することができなかった。

こうしたすべては「認知革命 cognitive revolution」と共に変化した。心をコンピュータに喩えることは、これまでの様々な技術との類比とは違っていた。なぜなら、情報処理の厳密な言語により、心に関する検証可能な仮説を立てることができるようになったからであり、しばしば、量的技法を用いた研究にもたらされうるようなしかたでそれができるようになったからである。更に、心を、時計や灌漑システムよりコンピュータに喩えることを直感的にいっそう動機付ける理由があった。結局、心の働きとは、時間を示すことや水を分配することではなく、コンピュータのように情報を処理することなのである。だから、今までの喩えとは違い、コンピュータをモデルにした心の理論は、文字通りに受け取られることができた。つまり、心は、コンピュータにたんに似ているだけでない。心は一つのコンピュータなのである。

「認知革命」は、一九六〇年代に心理学の分野に浸透していき、一九二〇年以来心理学界で重きをなしてきた行動主義のパラダイムに取って代わった。しかし、その発端は一九五〇年代にあった。認知科学が誕生した日をあえて特定するのであれば、それは間違いなく一九五六年九月十一日である。その日、後世に甚大な影響を及ぼした三つの論文が、マサチューセッツ工科大学（ＭＩＴ）で行われた歴史的な学会で発表された。アレン・ニューウェルとハーバート・サイモンは、「論理計算機械 logic theory machine」について語り、現代の人工知能の研究領域を切開いた。[*14] ノーム・チョムスキーは、現代言語学の誕生を印したと言われている論文の中で「言語記述の三つのモデル」について説明した。[*15] そして、ジョージ・ミラーは、認知心理学の基礎をすえた論文と今や認められている短期記憶 short-term memory に関する論文を発表した。[*16]

それよりも早い時期に、ラカンは心のコンピュータモデルに興味を抱いていた。認知科学が生まれる一年前の一九五五年、そしてそれは、認知革命が完全に羽ばたく十年前にあたるのだが、ラカンはフランスの精神分析学会 French Psychoanalytic Society において、精神分析とサイバネティクスを主題とした講義を行っている。[*17] この講義で、彼は二進法や、論理関数を計算するための AND や OR の制御回路の使用を含む心のコンピュータ理論の基本概念を開拓した。

一九四七年にアーチュロ・ローゼンブルースと共に「サイバネティクス」という言葉を作った数学者ノーバート・ウィーナーの研究に依拠することによって、ラカンは、聴講者に心を情報処理の視点から考えるように促し、この企てにおける言語学の重要さを強調した。

今となってみれば、こうしたラカンの所見はじつに予言的に見える。今日において、心理学における主要なパラダイムは認知的なパラダイムである。心はコンピュータに喩えられるだけでなく、何百もの特定の心的過程を司るプログラムがアルゴリズム的な詳細をもって記述されている。そして、ラカンが一九五五年に予想した通り、言語学は認知革命において基軸的な役目を果たした。何より、チョムスキーの研究が、コンピュータモデルに基づいた心の理論によって組み立てられたリサーチ・プログラムがどのようなものになるかということについての最初の明確なアイディアを提供したのである。

しかし、動物行動学の重要性に関する初期の直感の場合と同様に、ラカンはすぐにサイバネティクスとコンピュータ理論への彼の関心を放棄した。ひょっとすると、彼は情報処理の言語がフロイトの心の水力学モデルとは簡単に折り合いがつかないと悟ったのかもしれない。あるいは、デジタル型の前者とアナログ型の後者とが両立できないということを理解しさえしたのかもしれない。しかし、何が理由であれ、ラカンが選んだのは新しいコンピュータモデルを追求することではなく、古いフロイトのモデルに留まることだった。ここでもまた、今日の私たちの視点から見るならば、未来の科学への道を照らし出すことが容易にできるように見えたときに、歴史の袋小路に迷い込んでしまったラカンの姿を私たちは目撃するのである。

後期のラカンが、ソシュールとヤコブソンの言語学への一九五〇年代の強調から離れ、心の水力学モデルに戻った地点は明白である。一九七〇年代までには、フロイトの神秘的な「心的な液体 mental fluid」、つまり、リビドーが、「享楽 jouissance」という用語の姿をとってすでにラカンの思想の中心舞台を占めている。しかし、一九七五年にMITでチョムスキーと会った後の彼のコメントほど、ラカンの心境の変化を明らかに示すものはない。ある報告によると、ラカンはチョムスキーの言語研究へのアプローチにぞっとしたという。偉大なアメリカの言語学者との会話の後に、彼はこうコメントしたと伝えられている。「あれが科学なら、私は詩人になるほうを選ぶ」と。[*18]

ラカンは、チョムスキーの科学的アプローチのどこが気に入らなかったのだろう。彼が詩人になるほうを選ぶと言ったことは、陳腐な「科学者は美を殺すというロマン主義的な見方[*19]」を彼がとっていたことを示唆するかもしれない。たしかに、一九六〇年代、アメリカにあるほとんどの有名大学の外国語学部がチョムスキーに強く反発したということの背後にはこうした見方があっただろう。人文学コース the humanities のチョムスキーの同僚たち（ＭＩＴでは、言語学は人文学の一つに分類されており、チョムスキーもそのコースのスタッフだった）は、チョムスキーの統語論を、「恐ろしく俗物的な科学主義であって、テクノクラート的な暴力によって、言語という美しくて分析も形式化も不可能な微妙な存在に対して加えられるあからさまな侮辱だ」と糾弾した。[*20] しかしながら、チョムスキーに対するラカンの反発には、きっと別の動機があったにちがいない。というのも、結局のところ、ラカン自身、「主体 the Subject」に対する決然たる非ロマン主義的な見方により、また、言語記号の《アルゴリズム》の形式化に固執することにより、そして、患者の「言説」の「構造」分析により、名をはせていたのだから。ラカンは、科学の側にいると主張し、人文学 humanism を「大昔の死体の入ったずた袋 bag of old corpses」[*21]と退けることによって、彼の機械論的な信念を表明していた。そう考えると、チョムスキーに対する彼の反発は、科学に対する陳腐なロマン主義的な見方に起因するものでは到底ありえないことになる。

　ところで、ひょっとすると、そういうこともありえたのだろうか。精神分析の形式化についてたえず発言したり、科学の側に立つと主張したりしたのは、ひょっとするとただのリップサービスだったのかもしれない。ひょっとすると、ラカンは一貫して隠れロマン主義者だったのかもしれない。こうした見方は、一見思われるほどありそうもない見解ではない。ラカンの初期の論文のいくつかは、シュールレアリスムの雑誌『ミノトール』に掲載された。まさしく、ラカンが最初に関心を抱いたのは、シュールレアリスムであって、精神分析ではなかったのだ。もしかすると、ラカンはシューレアリスムに対する初期の共感を実際には一度も放棄しなかったのかもしれない。つまり、彼は、狂気を「痙攣する美」と見るネオロマン派的な見解や、非理性の賛美や、分析することで自然を殺してしまう科学者への敵意をずっと持ち続けていたのかもしれない。

こうした見方の裏付けとなる証拠は、逆説的なことだが、精神分析理論をラカンが数学的に表記しようとしたことのうちに見てとることができる。彼の方程式や図式は一見、少なくとも科学訓練を受けていない素人目には、厳格な科学であるという印象を受ける。しかし、より綿密に考察してみると、最も初歩的な数学の規則からもはずれているということが明らかになる。[*22] これらの方程式は、ラカン自身が望んでいた精神分析の形式化に実質を与えるためにそこに置かれていると想定される。しかし、それらが数学的に意味を持たないという事実自体が、その主張を虚偽にしてしまっている。もし、ラカンが本当に彼の学問領域を形式化しようとしていたのであれば、必ずや、彼の数式を正しくすることにいっそうの注意を払ったはずだろう。彼がそうしなかったという事実は、彼が現実よりも、形式化というレトリックに、より関心をいだいていたということを示唆している。ラカンにとって、「形式化」と「数学化」は、たんなる比喩に過ぎず、彼のネオシュールレアリスム的テクノポエムのためのたんなる味付けに過ぎなかった。もしそうならば、チョムスキーが真に厳密な手法で真正の形式化に着手したのを見て、ラカンが、恐怖のあまり逃げ出したのも不思議ではない。

結論

初めてラカンを知った一九九二年、私は科学についてほとんど何も知らなかった。たしかに、イギリスで教育を受けた他の子供たちのように、物理学、化学、そして生物学を学校で生半可にかじっていた。しかし、習ったことといえばたんに個々の事実や数字に過ぎず、それらの関連性や全体像を学ぶことはなかった。さらに悪いことには、学んだ高校では、科学的発見の過程についても、証拠と論拠の論じ方についても一切教えてもらえなかった。言葉と言語学を学ぶために大学に進学したが、そこでも文学に焦点が置かれ、言語の科学的研究はそれほど重要視されていなかった。そう考えると、大学卒業間近、私がジャック・ラカンの学説に出会った時、その学説の深刻な欠点に気付くことができなかったのは、ほとんど驚くに足らない。科学とはどういうものかについていっそう理解した今、それらの欠点はあまりにも明白なので、わたしがあまりにもものを知らなかったことが時々恥ずかしくなる。

バッファローで比較文学を学んで数年が経ち、今では文芸批評から離れてしまった私だが、今でも数多くの文学研究者がなおラカンの理論に依拠して研究を続けていることを知っている。このことは、私をとても悲しくさせる。もしかすると、彼らがなおラカンに頼り続ける理由は、私の場合がそうであったように、科学に対する理解が彼らに不足しているせいなのかもしれない。私は強く思うのだが、彼らが、科学的発見の原理や、現代の生物学や心理学分野における諸発見について同じくらいの時間を使ったならば、きっと私と同じような結論に辿り着くのではないだろうか。ラカンが秘密の鍵を持っていると彼らは今は信じているように見えるが、彼らはそうした想定を捨て、ラカンの本当の姿に気付くだろう。ラカンは、ひどく間違っており、そしておそらくは、悲劇的に妄想にとりつかれていた人間だったということに。

注

1——Evans 1996.
2——Evans 1999.
3——Evans 1996.
4——Evans 1996, ix.
5——Gallup 1970, 68.
6——Evans 1996, 115.
7——Lacan 1953b, 14.
8——Lacan 1949, 3.
9——Lacan 1953-54, 121.
10——Lacan 1953a, 102.
11——Lacan 1954-55, 75.
12——Lacan 1972-73, 145.
13——Tooby and Cosmides 1992, 23.
14——Newell and Simon 1956.
15——Dennett 1995, 384; Chomsky 1956.
16——Miller 1956.
17——Lacan 1954-55, 294-308.
18——この引用文はラカンのものとされている。しかし、どこから引用されたものなのかは不明であるため、典拠の疑わしいものであるかもしれない。この引用文の元を知っている人がいたら、是非教えていただきたい。享楽 jouissance については、Evans 1998, 11. を参照のこと。

19——Dennett 1995, 386.

20——Dennett 1995, 385-86, 原文を強調。

21——Lacan 1954-55, 208.

22——Sokal and Bricmont, 1998.

参考文献

Chomsky, N. 1956. "Three Models for the Description of Language." IRE Transactions on Information Theory 2:13-54.

Dennett, D. C. 1995. Darwin's Dangerous Idea: Evolution and the Meanings of Life. London: Penguin.

Evans, D. 1996. An Introductory Dictionary of Lacanian Psychoanalysis. London and New York: Routledge.

Evans, D. 1998. "From Kantian Ethics to Mystical Experience: An Exploration of Jouissance." In Key Concepts of Lacanian Psychoanalysis, edited by Dany Nobus, 1-28. London: Routledge.

Evans, D. 1999. Introducing Evolutionary Psychology. London: Icon.

Gallup, G. G. 1970. "Chimpanzees: Self-Recognition." Science 167:86-87.

Lacan, J. 1949. "The Mirror Stage as Formative of the Function of the I." In Jacques Lacan, Écrits: A Selection. Translated by Alan Sheridan, 8-29. London: Tavistock, 1977.

Lacan, J. 1953a. "The Function and Field of Speech and Language in Psychoanalysis." In Jacques Lacan, Écrits: A Selection. Translated by Alan Sheridan, 30-113. London: Tavistock, 1977.

Lacan, J. 1953b. "Some Reflections on the Ego." International Journal of Psychoanalysis. 34:11-17.

Lacan, J. 1953-54. The Seminar: Book I, Freud's Papers on Technique, 1953-4. Translated by John Forrester. Cambridge: Cambridge University Press, 1987.

Lacan, J. 1954-55. The Seminar: Book II, The Ego in Freud's Theory and in the Technique of Psychoanalysis, 1954-5. Translated by Sylvana Tomaselli. Cambridge: Cambridge University Press, 1988.

Lacan, J. 1972-73. Le Séminaire: Livre XX, Encore, 1972-73, edited by Jacques-Alain Miller. Paris: Seuil.

Miller, George. 1956. "The Magical Number Seven, Plus or Minus Two." Psychological Review. 63:81-97.

Newell, A., and H. Simon. 1956. "The Logic Theory Machine." IRE Transactions on Information Theory 2:61-79.

Sokal, A., and A. Bricmont. 1998. Intellectual Impostures. London: Profile Books.

Tooby, J., and L. Cosmides. 1992. "The Psychological Foundations of Culture." In The Adapted Mind: Evolutionary Psychology and the Generation of Culture, edited by Jerome Barkow, Leda Cosmides, and John Tooby, 19-136. New York: Oxford University Press.

四年の後に

二〇〇五年に、ジョナサン・ゴッシャルとデイビッド・スローン・ウィルソンは、ダーウィン主義的な文芸批評の論集『文字をあやつる動物：進化とナラティブの性質』の一章を書かないかと私を誘ってくれた。私がそこに寄稿した論文は「ラカンからダーウィンへ」というタイトルで、ラカン派の精神分析から進化心理学への私の知的遍歴の物語を記したものだった。その中で私は、困惑したラカン主義者たちから折に触れて電子メールがくることを書いた。彼らは、衝撃や落胆、さらには怒りさえ示して、かつてラカン主義者だった者がどうしてその信仰をかくも完全に裏切ることができるのかと言わんばかりだった。確かにそうした宗教的な言葉をあからさまに使ってはいなかったが、それと似たような考え方をしていることは彼らのトーンから明らかだった。

あれから四年経った二〇〇九年、類似の電子メールがあいかわらず散発的に届く。しかし、こうしたたまにくる電子メディアにのせた憤慨を別とすれば、ラカン主義者たちが公的な論文で私に反撃してくることはない。彼らが私の論文を読んでいることは、今でもラカンの教えに忠実な友人数名との会話から分かる。しかし、彼らが、ラカン主義者たちのセミナーや「同業者クラブ」の中で、私の論文やその他の外部からの批判について議論することはないのである。このこと自体、ラカン主義者たちが形成するカルトの、硬化した内向きの性質を物語っている。活気ある知的伝統の特徴は、批判者たちと討論しようというその意志である。この規準からすると、ラカン主義者の一派はまったく生彩を欠いている。

確かにラカン主義者の中には、心理学と神経科学の発展に遅れずについてきている者もいる。しかし、そうした科学的な学問領域とラカン主義の信仰箇条の両方に心的なスペースを割くことによって生じる認知的不協和を避けるために彼らが行わざるを得ない頭の体操は、いかにも痛々しく、見るに耐えない。最近の対談の中で、ある著名な英国のラカン主義者は勇敢にも、ある神経学上の所見を「神経のシニフィアン neural signifiers」という言葉を使って解釈し直そうと試みていた。明らかに才能のある人物が、彼の知性をそのようなナンセンスに浪費するのを見るのはとても悲しいことだった。

しかしながら、大多数のラカン主義者はむしろ現代科学に対して幸せな無知に留まることの方を選んでいる。確かにその方が楽なのだ。ゴッシャルとウィルソンのために書いた論文を私は次のような疑いの言葉で締めくくった。すなわち、かくも多くの文学研究者がなおラカンに頼り続ける理由は、私の場合がそうであったように、科学に対する理解が彼らに不足しているせいなのかもしれない、と。私は今もなお次のように思っている。もし彼らが科学的発見の原理や、現代の生物学や心理学分野における諸発見について同じくらいの時間を使ったならば、まさに私がそうしたように、彼らもまた、ラカンの理論を完全に放棄するだろう、と。

とはいえ、私は、今でも多くの文芸批評家たちがあいかわらずラカンに帰依していることが、《単に》彼らの貧弱な科学教育のせいだとはもう考えていない。今は、その他の要因もそこに絡んでいるのではないかと思っている。そうした要因の主なものとして、よく知られた認知バイアスがある。これは「ヒューリスティックスとバイアス」の流れをくむ認知心理学者たち（カーネマン他一九八二）によって研究されてきたものである。

人間が実際どのように意思決定をしているかについての数十年にわたる実証研

究が明らかにしたのは、人間の行動は合理的選択理論が描写するような理想的に合理的な行動のモデルからは著しく乖離している、ということである。しかも、それは一定のパターンに従って乖離するのだ。すなわち、人間はたんに非合理的に行動するだけでなく、「予想されたようなしかたで非合理的」(アリエリー二〇〇八)にも行動するのである。人々が非合理的な選択をするパターンは、人間の判断を特定の方向へ歪める認知バイアスのセットが決定付けている、としばしば言われる。こうした認知バイアスについては、今日よく研究がなされている。たとえば、ひとは過去の出来事を、それが実際にはまったく予測不可能であっても、予測可能であったかのように想起しがちである(あと知恵バイアス)。また、ひとは観察した他者の行動について説明する際、その人の人格に起因する側面を過度に強調する反面、その同じ行動に対する状況的影響の役割や力を過度に低く見がちである(基本的な帰属の誤り)。さらに、ひとは彼らの先入観(バイアス)が裏付けられるような情報を探したり、そのようなしかたで事実を解釈したりしがちである(確証バイアス)。そして、失敗よりも成功した場合に自身の責任を主張しがちである（自己奉仕的バイアス）。これらの他にも多くの認知バイアスがあることが分かっている。

人々がそうしたバイアスを克服したり、少なくとも減らすために用いることができ、それによって、より合理的な意思決定ができるようになるためのメンタルテクニックやツールを考案するうえで、多少の進歩がこれまでなされてきた。バイアスを取り去るこれらの戦略には、メタ認知、合理的選択理論と確率論からのヒント、意思決定支援システム、そして認知強化が含まれる（ブラッドリー二〇〇五）。しかし、これらのテクニックを使うには相当な根気強さと努力が必要であるということも言っておかなければならない。それだけ、認知バイアスは根強く、克服し難いということである。

人々が今もなおラカン的な観念に固執する理由として、おそらく、パスカル・ボイヤーのような、宗教的な観念の心理的な起源を研究している認知人類学者が研究対象としているような諸理由もあるだろう。しかし、多くのラカン主義者たちは、ボイヤーの文献を読んだことはもちろん、彼の名前を聞いたことさえないだろう。

そういうわけで、ラカン主義者たちは今なお見当外れの見方を続けているし、その程度はますますひどくなっている。このことは当然ながら、次のような彼らの感覚を強めるのに役立つだけである。すなわち、自分たちが誤解されているという感覚、そして、自分たちが根本的に新しい真理をもっていて、その真理は、人々がそれを尋ねる労をとりさえすれば、社会を根本的に啓発することができるという感覚である。こうした感覚こそまさにカルトの特徴なのだ。

だから、多くの著名な日本のラカン主義者たちが、私の論文「ラカンからダーウィンへ」に応えることを意図した論文集に寄稿を拒んだことは、少しも驚きではなかった。彼らが証明したのは、少なくともその点で、日本のラカン主義者たちも、フランスやアメリカのラカン主義者とまったく同じだということだ。つまり、知的に破綻している、ということである。

参考文献

Ariely, D. (2008). Predictably Irrational: The Hidden Forces That Shape Our Decisions. London, Harper Collins.

Bradley, C. P. (2005). "Can we avoid bias?" British Medical Journal 330: 784.

Kahneman, D., P. Slovic, et al. (1982). Judgment Under Uncertainty: Heuristics and Biases. Cambridge, Cambridge University Press.

カウンセラーの立場からエヴァンスを読む（冨岡伸一郎）

カウンセラーの立場からエヴァンスを読む

エヴァンス氏の「ラカンからダーウィンへ」の翻訳を依頼されるまで、恥ずかしながら訳者はジャック・ラカンという精神分析医の名を耳にしたことがなかった。訳者はアメリカの大学で心理学を学び、大学院で心理カウンセリングの修士号を取得したが、その過程の中でフロイトや彼の理論から派生した、いわゆるネオフロイディアンといわれる分析医や研究者たちを目にすることはあっても、ラカンや彼の理論を見聞することは一切なかった。そこで、エヴァンス氏の論説を翻訳した後、資料としていただいたラカン派の精神分析学についての本を何冊か通読した（エヴァンス氏の「An Introductory Dictionary of Lacanian Psychoanalysis」もそのうちの一冊だが、ラカンを理解する上で重宝したのはいうまでもない）。すると、なぜ今までラカンに出会うことがなかったのだろう、と思うほど著名な精神分析医であることが分かってきた。ただ、エヴァンス氏がいうように、英語圏ではラカンはあまり知られていないそうだから、アメリカにいた訳者が彼の名を知らなくてもさほど不思議ではないのだが。

さて、今回、編集部より、カウンセラーの立場からエヴァンス氏が論じているラカンについて訳者自身が思うところを書いてほしいと依頼されたわけだが、心理カウンセラーと精神分析医は異なる専門領域であることをまずは記しておかなければならない。長きに亘る心理学と精神分析学の間の摩擦については改めて記す必要もないだろう。経験主義的研究技法を用いる心理学に対して、非科学的と批判される精神分析学。どちらも言語的技法を用いて治癒・援助にあたるという意味では共通しているが、精神分析医が「分析」するのに対して、心理学を基盤とする心理カウンセラーはクライアントが自分自身で課題を乗り越えるための「援助」をする。つまり、分析医はクライアントの自由連想や夢などから浮き彫りになる無意識の解答書的存在であり、精神分析の向かうところには精神病の治療・完治があるといえる（ただし、ラカンもフロイトも精神分析は精神病に対する特効薬ではなく、どうしようもない苦難をただの不幸へと昇華させるものであるとしている）。カウンセラーはクライアントの課題やその根源を明確化させた上で行動変容の手伝いをする、いわば道しるべ的存在で、カウンセリングのゴールは（クライアント次第なのだが）主に行動変容であるといえるだろう。いずれにせよ、訳者が歴史的推移や臨床的見地から精神分析と心理カウンセリングの相違点や類似点を語るには一知半解であるから、その解説はそれらに精通する方たちに譲るとして、ここではエヴァンス氏の心の軌跡を辿り、彼の知的探求とラカンのセオリーを照らし合わせながら訳者なりの「解説」を試みたい。

エヴァンス氏の論説を読むと、読者はまず彼の強い口調に気付くだろう。彼はラカン派の学者たちが「カルト」宗教の信者のようだとこきおろす。その語り口はカルト宗教から脱会した元信者のようであり、「失った大切な時間を返せ」「今時間を無駄にしている人たちよ、ラカンは詐欺師だと気付きなさい」と訴えているように見えなくもない。ラカン派からダーウィン派に転向してから数年の歳月が経っているにも関わらず、彼は今でも現実を直視しないラカン信者たちの目を覚まそうと言葉を投げかける。あるいは、ラカンに対してもっとも深く失望したのはエヴァンス氏だったのかもしれない。そして、他のラカン信者たちの目を覚まそうとする行為は、過去の自分自身に向けられたメッセージであると考えられなくもない。では一体どういった経緯を辿って、彼は断固とした姿勢でラカンを否定するようになったのだろうか。

一九九二年、彼はアルゼンチンで初めてラカンを知った。イギリスの大学を卒業した彼にとって、精神分析が盛んなアルゼンチンは新鮮な環境だったに違いない。朱に交われば赤くなるというくらいだから、誠実な精神分析医が数多く存在する環境で、エヴァンス氏がイギリスの精神分析に対する価値観に疑問を抱くようになったのは至極当然のことだったのだろう。言い換えれば、彼が当たり前として捉えていた思想がマイノリティーとなって、初めて、その「当たり前」（この場合、精神分析を蔑むというイギリスではメジャーな価値観）を疑うに至ったのだ。そして彼はラカンと出会い、幅広い知識を有するこの「偉大な教師」の教示に魅了されてゆくのである。そして、いくら努力しても本当のメッセージにはあと一歩で及ばない、というラカンのセミナーに没頭するのだった。この「本当のメッセージ」が何だったのかは分からない。だが、彼がその答えをラカンから学ぼうと期待していたのは明らかである。まるでラカンが秘密の鍵を持っているかのごとく、エヴァンス氏は時間に時間を費やしてラカンの言葉を追いかけた。しかし、いつもすんでのところでそのメッセージはするりと彼の手のひらをすり抜けてゆく。学生たちはラカンの言葉（それはシニフィアンともシニフィエともディスクールとも受け取れる）に迷ってゆくのである。ラカンのセミナーは、言葉遊びや語呂合わせを使った「言＋迷＝謎」かけだったのかもしれない。ラカンとラカンの追従者たちの追いかけっこ。それがラカンのセミナーの中毒性であったとエヴァンス氏は振り返っている。この頃から、エヴァンス氏が「知＝矛盾なき理論」を枯渇している様子が窺える。

それから二年が経った頃、エヴァンス氏はイギリスに帰国していた。そして、アルゼンチンで意識的に学んだラカンや無意識的に作り上げたラカンのイメージは、崩壊し始めるのである。CFARで再び精神分析の訓練を受けながらラカンの学説を会得しようとするうちに、エヴァンス氏は学説の矛盾点だけでなく、学説そのものが科学的な実証に欠けていることに気付いてしまう。科学的実証とはすなわち、経験主義的な研究技法や統計を用いた上で学説の妥当性を測る、ということを指していると思われる。これまで多数の研究者が批判したように、フロイトの学説もラカンの学説も、科学的に検証可能なセオリーではなかった。これが、エヴァンス氏がラカンの学説を「宗教的」なものとこきおろす最大の理由ではなかろうか。つまり、エヴァンス氏は、摑むことも確かめることもできない得体の知れぬ何か（それはラカンが発したメッセージだったのかもしれないし、ラカンの弟子たちがラカンの意図とは別に想定しただけなのかもしれない）を提示するラカンに、「神は確かに存在する、神を見ることができないのは信仰心の欠如が原因だ」と唱える宗教家の姿を見たのではないだろうか。そして、そんな宗教的な学説を妄信して疑わなかった自分自身に対する失望、さらに、ラカンに対する怒りにも似た感情を現在のラカン信者に投影しているところもあるのではないだろうか。ラカン派の精神分析医が書いた本の中には、ラカンやフロイトの軌跡を辿り、彼らの人生の行く末はそれまでに彼らが見た夢の中で暗示されていた、というような運命論的必然性を示唆しているものがあるのも事実であり、そういった意味ではラカンの提示したセオリーに宗教的な要素を見出している学者がいるといっても過言ではないのだが。

少し話は逸れるが、実証不可能だからといって、そのことがその学説や治療法の効果そのものを否定する理由と成り得るのだろうか。すなわち、宗教や超常現象など、一般的な常識を超越した超自然的技法を用いた治療法には本当に効果がないのだろうか。エヴァンス氏の語り口からは、それらに対しても否定気味なニュアンスが感じられる。しかし、「完治」がどういった状態を意味するかにもよるが、超常現象的な技法がより効果的な場合があるように思えてならない。「病は気から」という慣用句がある。病気は気の持ち方で改善もすれば悪化もする、と解される。「プラシーボ効果」、つまり特定の症状を改善する作用がない偽薬でも、服薬をしているという精神的な安心感を得ることで症状が改善する場合がある。もし、これらに妥当性があるのであれば、非科学的な技法を用いることそのものが、倫理性に欠けていて効果も期待できないとは断定できないところもあるのではないだろうか。アメリカの心理カウンセリング学会の権威であるデラルド・ウィング・スー博士は、各土地特有の習慣や世界観、また独特のヒーリング方法もカウンセラーは学ぶべきであると述べている。このことから推すと、「非科学的な技法」に信頼を寄せないクライアントに、例えば精神分析を用いた場合、逆効果となる可能性がある反面、精神分析に信頼を寄せるクライアントには効果を期待することができるのかもしれない。

例えば、訳者はある四〇代の男性とこんな会話を交わしたことがある。その人はよく、周りに誰もいないのに一人で何かをしゃべっていた。そんな彼に、誰と話しているのですか、と声を掛けると、彼は「あぁ、聞こえてましたか、実はお告げが聞こえるんです」と答えた。さらに話を聞くと、頭の後ろでざわざわ話し声が聞こえたり（ただし何を言っているかははっきりと聞き取ることができないらしい）、頭の中で彼の行動に駄目を出す声がしたりするというのだ。また、自衛隊のヘリコプターが彼の家の窓をすべて割ったのだという。彼が統合失調症と診断されていたことはいうまでもないだろう。しかし、印象に残っているのは、彼のこんな言葉である。

「私は統合失調症とかっていうのはいまいちよく分かりませんが、私は狐に憑かれているんです。私が私でなくなるといいますか……。」

つまり、統合失調症と診断され、服薬を続けていても、彼にとって最もしっくりくる説明は「狐に憑かれている」というものだったのだ。これを病識の欠如と捉えることもできなくはない。しかし、重要なのは、彼が「狐に憑かれている」と確信することで自身の精神状態を捉え、あるいは理解し、そして安堵していたことである。果たして、科学的に証明可能な技法を用いることが、常に倫理的であるのだろうか。例えば、この統合失調症の患者に御祓いを施したらどうなっていただろう。あるいは御祓いという科学的根拠に欠ける技法を使うことで、彼の気持ちを和らげることができたかもしれない。「統合失調症」の症状は患者の脳機能障害などに還元される。しかし、日本の「狐憑き」にせよ「蟲」にせよ、症状は患者以外の何かが引き起こしていると結論付けられる。どこに原因を求めるかによって、患者の安堵感や不安感の度合いは、まったく変わってくるのではないだろうか。そして、眉につばをつけて医師の治療を受けるよりも、素直に受け入れることのできる方法で症状緩和を目指す方が、効果を得ることができる場合があっても不思議ではない。

話を元に戻そう。エヴァンス氏がイギリスにいた時点では、ラカンに対する疑念が生まれたに過ぎない。そして、その疑念が徐々に大きくなってゆく過程が、その後の彼の軌道から垣間見える。パリで精神分析を受けていたというエヴァンス氏は、分析医の性格や人格によって、精神分析そのものの進み具合や分析結果が異なる、と感じるようになってゆく。これは精神分析が非科学的であり、また患者に害を与える危険性を秘めていると言われる所以である。言い換えれば、分析結果は精神分析医の手に委ねられているのである。さらに、精神分析医の倫理観は千差万別であり、患者との価値観も異なることから、分析医にとっての（不）利益と患者にとってのそれが必ずしも同等のものであるとは限らず、患者にとって不利益が生じる危険性を孕んでいるのだ。ここで訳者が見た夢を例に、夢分析の可変性について解説してみたい。もともと精神分析は夢という扉から無意識にアクセスしようとしたのだから、この場で夢について話をしても、さして的外れではないだろう。

　私は実家の居間に座っている。家には私一人しかいない。電気をつけているから、おそらく夜だろう。その時何をしていたかは思い出すことができないが、玄関のドアが開く音がする。父が声を荒げているのを耳にし、私は両親が口論をしながら帰宅したのだと直感する。すると、突然、「ドンッ、ドサッ、ガシャン」と音がしたので、私は居間のドアを開けて玄関を確認する。すると、父の首が玄関のドアの上部に挟まっている。それを見た瞬間、「首が挟まっている」と思うのだが、玄関のドアは閉まっている。もしかすると父は死んだのかもしれないという思いで玄関のドアを開けると、（すぐ車庫があり、黒い自家用車が停まっている）車の運転席側のドアにうずくまった状態で父の体（首から下）がある。その時、父が死んでいる（母に殺された）ことを理解する。母は道路の中央あたりまで後退りしている。不思議と空は晴れ渡っており、昼夜が逆転している。その母に走り寄り、胸ぐらか両腕を乱暴に摑みながら、私は"You killed my father! Why did you kill my father!"と叫んだ。

覚えているのはここまでである。ちょうどラカンについての資料を読んでいた頃に見た夢で、ラカン風に分析しようと試みた。顕著なテーマは、「父」、「母」、「殺人」または「死」、であった。そして、「父」はファラスを指しており、「母」がそれを私から奪ったと解釈できる。つまり、私は「去勢」され、力を失ったことに憤慨し母を責めているのである。力を失うことは、自分自身の人生をコントロールすることができていない、という状態を意味している。こう解釈した時、あるいはラカンの学説は正しいのかもしれない、と思うほどしっくりきた。エヴァンス氏が指摘するように、この解釈もその後私が納得したのも、認知バイアスのせいかもしれない。しかし、重要なのは、私が一知半解のラカンのセオリーを用いて自身の夢を分析し、そしてしっくりきたということである。この夢分析によって気付きを得た私の思考や行動が変わるならば、この場合におけるラカンのセオリーの活用は有益なものであるといえるかもしれない。

しかし、ここで問題となるのは、訳者の夢を精神分析医が解釈したら果たして同じような分析結果だったのか、ということである。例えば、「昼夜が逆転している」ことや「首が分離した状態で父が死んだ」ことに意味はないのだろうか。分析医によっては、これらの細部に何かしらの意味を見出すかもしれない。また、「父」は本当にファラスを象徴していたのだろうか、「父」を「殺された」ことで私は「去勢」されたのだろうか。なぜ私は「父を殺したな！　なぜ父を殺した！」と「英語」で言ったのだろうか。この短い夢でさえ、様々な解釈の仕方があるのは明白である。ともすれば何百何千ともなり得る解釈の仕方は、まるで占い師の予言のようではないか。エヴァンス氏が述べているように、分析医の性格や人格が、分析結果に多大な影響を与えることは避けられないのである。また、夢をどれだけ詳細に覚えているか、夢を作り上げてしまっていないかということも加味すると、果たして患者の話す夢が、その患者の夢を正確に捉えているかさえも疑問視せざるを得なくなる。そうすると、精神分析そのものが十全であるとは言い切れないところがあるのも否定できない。そういった意味で、この非科学的な技法、すなわち精神分析が、必ずしも患者の利益につながるとはいえない面があるのも確かである。

さて、イギリスで精神療法を提供するカウンセラーとして働いていた時のことを振り返り、エヴァンス氏は、ラカンの唱えた学説から離れ、直感や共感、そして常識に頼った時にクライアントを「助ける」ことができたと述べている。逆に、ラカンの学説に基づく治療法は効果的ではなく、クライアントが混乱することが多かったという。では、ラカンが提示したセオリーは、実際に臨床現場で役に立つのだろうか。混乱したクライアントがその後治療を続けたかどうかまでは書かれていない。そのため、あくまで想像の域を超えることはないが、クライアント側の心理に、決して安価ではない言葉のやりとりのみの治療を受ける、またそれを続けるには、それ相当の期待（治療の効果や見通し）が寄せられるのは自然なことだろう。ラカンのセオリーの解釈や理解が困難極まりないことは明白である。ラカン派の学者がそういうのだから間違いないだろう。ラカンのセオリーは、精神分析学というよりは哲学的な要素が色濃いように見え、ラカンの学説を応用する分析医にとっても、その治療を受ける患者にとっても、治療のプロセスが非常に難解なものとなり得るのは想像するに容易い。もしそうであるならば、すぐに効果を得ることができずに治療を止める患者がいても到底不思議ではなく、治療への応用性が低いといえる面があることは否定できない。言い換えれば、もしラカンのセオリー、そしてそれに基づく治療法そのものが難解であり、そのプロセス自体を理解し、実際の効果が得られるまでに時間を要するならば、患者に求められるのは、精神的な忍耐力のみならず、経済的な余裕であると想像されるのだ。そういった意味では、特定の患者にとっては、ラカンのセオリーを用いた療法を続ける意味が見出せないのも当然と思われる。

エヴァンス氏は、この頃に同僚と交わした、どの精神療法が最も効果的か、という会話についても触れている。どのアプローチにも、独自の用語や臨床テクニックがあるにはあるが、患者の回復率には差がない。そのことが、精神分析や精神療法に対する幻滅を深めた、とエヴァンス氏は振り返っている。さらに、セラピスト自身が疑念を抱いている方法で治療にあたるのは倫理に反すると考えるようになったのだという。確かに、精神分析や精神療法には様々なセオリーがあり、テクニックがある。セラピストによって、アプローチが違うのも事実だろう。しかし、テクニックはいわばセラピストにとっての「道具」である。様々な患者のニーズに対応するためには、セラピストの道具箱には多種多様の道具が入っていて然るべきである。そして、最も効果的なツールは、セラピスト自身なのである。例えば、前述にもあるとおり、超自然的技法のような、スピリチュアルな要素を含んだ技法が患者にとって効果的ならば、セラピストがスピリチュアリティに否定的な見解を持っていたとしても、そういった技法の活用を（または、そういった技法を使えるセラピストに紹介すること）考慮すべきである。エヴァンス氏が、経験主義的・科学的に検証不可能なセオリーを否定し、そのようなセオリーを臨床現場で用いることは倫理に反すると考えていること自体、患者の文化的背景を無視した自国中心的なものである可能性もあるのだ。

その後、アメリカのバッファロー校の比較文学学部で博士号を取得することを決めたエヴァンス氏だったが、そこでもやはり、ラカンの学説を疑うことなく盲信しているスーパーバイザーに疑念を抱かざるを得なかったという。ラカンは文学書や芸術作品を引き合いに出して、精神分析がどう機能し、どのような効果を得ることができるのか、ということを追究した。しかし、それは決して文学や芸術の知識を深めるためではなく、あくまで精神分析に対する理解を深めるためのものだったのである。バッファローでのアプローチは、そもそもラカンが意図したものとはかけ離れていた、とエヴァンス氏は述べている。さらに、臨床経験もない学者たちにラカンの提示した学説の何が分かるのだろう、といわんばかりに、エヴァンス氏はそこを去るのである。ただ、興味深いのは、エヴァンス氏が、ラカンの学説を「哲学的」に検証しようと試みたことである。先述のように、ラカンの学説には哲学的な雰囲気が漂っている。ヒトの心理を形而上的な見地に立って分析しようという試みが感じ取られなくもない。そして、その形而上的なものを「科学的・数学的」に表そうとした結果、エヴァンス氏のいう「最も初歩的な数学の法則を破った」数式のようなもの（ラカンが用いた複雑かつ難解なトポロジーなど）に辿り着いたのではないだろうか。いずれにせよ、再びイギリスに戻ったエヴァンス氏は、いよいよラカンの学説を否定するに至るのである。

一九九七年、エヴァンス氏はイギリスに戻り、ロンドン大学の哲学部に入学する。そして、そこで初めて「証拠」を求められる。証明不可能なものは「無価値」である、という価値観に囲まれて、初めて、精神分析を証明するものが何なのかと疑問を抱くのである。ラカンの不可謬性が何に由来するのか、という論理的な一歩を踏み出さない信者たちに嫌悪感を抱く中で、進化心理学に知的な興奮を覚えたと話すエヴァンス氏。精神分析学と進化心理学、どちらがより論理的に人間の心を捉えているか、ということが彼の次なる議題となったのだった。そして辛苦を経て、ラカンが提示した学説を放棄するのである。「ラカンからダーウィンへ」の中で、エヴァンス氏は「知を想定された主体」について以下のように説明している。

「精神分析医は全知全能でも、秘密の知恵・知識を持っているわけでもないが、患者は精神分析医がそうであると信じるのだ。治療を続けるうちに、患者はそれがただの思い込みであったに過ぎないと気付き、精神分析医に対する信頼も薄れていく。このプロセスこそが、精神分析療法の意義なのである。では何故、精神分析医は患者に秘密の知恵などないことを教えずに、患者を騙すようなことをするのか。それは、辛い幻滅のプロセスを経験することによって、患者は人生の鍵を握るのは他の誰でもない自分であるということに気付くことができるからだ。」

これを踏まえて、エヴァンス氏は問いを投げかける。

「〝完治〟とは、ラカンが真実・真理のなんたるかもわからない詐欺師であるということを突き止めることを意味しているのか」と。

奇妙にも、この記述はエヴァンス氏の体験そのものと重なる、と訳者には思えてならない。つまり、エヴァンス氏にとって、知を想定された主体とはラカンのことだったのではないだろうか。そして、ラカンの「語り」が「騙り」であったことに気付き——エヴァンス氏の言葉を使うと、「王様は裸であったという事実」を目の当たりにし——幻滅のプロセスを経て、自分自身の手で人生の鍵を手に取り、そして歩み始めることができたのではないかと。また、ラカンが、分析が終わるまでには四～五年の歳月を要する、としていることも奇妙にぴたりと当てはまるのである。

しかし、エヴァンス氏はそう考えない。こういった解釈こそが認知バイアスによるものであり、論理的証拠に欠けているとするのだ。その後、エヴァンス氏は「科学とは何か」ということについて言及している。確かに、経験主義的な研究を参照すれば、人間が物事を解釈・判断する際に何かしらの認知バイアスが働いていることは分かる。ただ、人間が社会で生活する上で、そういった認知バイアス、つまり「非論理的な思考」に基づいて行動や意思決定をしている、というのも事実である。そうすると、エヴァンス氏が暗示する、「無矛盾＝真実」という方程式は必ずしも成り立たない場合がある、ということができるのではないだろうか。もし人間の心に矛盾性があると仮定するのであれば、「心＝コンピューター」と言い切ることは困難なのではないだろうか。論理的に証明が可能な科学に重きを置く文化内では、あるいはラカンの唱えたセオリーは「無価値」なのかもしれない。しかし、必ずしも科学が全能であるという価値観が、異なる文化形態を持つ国々に浸透しているわけではない。そう考えると、エヴァンス氏の批評は、場合によっては受け入れられるが、そうでない時もある、としか結論付けられないのではないだろうか。

では、ラカンのセオリーを文化背景の異なる日本に適用することとは、そもそも可能なのだろうか。先述のように、アメリカ心理カウンセリング学会の権威、デラルド・ウィング・スー博士は、カウンセリングセオリーの適用に際して、マルチカルチュラリズムの重要性を強調し、カウンセリングは「文化的・経済的・言語的」に限界があると指摘する。文化的な限界というのは、これまで述べてきた「価値観の違い」である。経済的な限界とは、先述の「治療費と治療の効果のバランス」、また、経済的な余裕がないとカウンセリングなどの治療を受けることができないという事実を指している。例えば、低所得者などは、心労が募っても、カウンセリングなどの精神的サポートは受けることができないなどがそれにあたる。最後の言語的限界とは、文化的限界にも関連するが、使う言語の違いが、カウンセラーとクライアントの間に誤解を生んだり、解釈に限界があったりする、ということである。例えば、「個」という概念が定着している西洋文化では、自分のことについて話すことに抵抗感はないことが多いと考えられる。また、一人称を表わす代名詞は一つであることが多い。

それに比べて、日本には「私」「俺」「僕」などの人称代名詞があり、話し手が聞き手に対してどのように位置づけられたいかによって用途が変わってくる。また、日本には「以心伝心」という四字熟語がある。言葉を介さず相手の心や気持ちが伝わるか否かは重要ではない。「伝わったと思い込む」ことで、対人間の理解が深まるというところに意味がある。さらにいえば、そういった思い込みが人びとの行動変容を促進させることさえありうる。このコミュニケーション方法は、土居健郎氏の提示する「甘え」の上に成り立っているのかもしれない。つまり、言葉を使わない非言語的コミュニケーションが重要視されている面もあるのである。昨今、非言語的コミュニケーションを取ることができない人を「KY=空気が読めない」と蔑むのが良い例である。そして、戦後、「個」という西洋的な概念が日本に流れ込み、教育においても「個性」を重んじるようになってきたように思う。しかし、果たして日本文化に「個」という概念は定着したのだろうか。いくらランドセルの色を選べるからといって、それは個性と呼べるのだろうか。未だに日本文化は、「個」という概念を理解しようとする過程にあるのではないだろうか。これらを踏まえて考えた上で、ラカンが提示したとおりにセオリーを適用できるか否かを判断するには慎重な検証が必要であるように思われる。そもそもIntelligence Quotient（IQ）という概念が、生活年齢を基準に精神年齢を表す数値であるように、Cultural Intelligence Quotient、つまり文化的な価値観を基準に特定の行動・思考傾向の平均性・逸脱性を表す指標があっても良いのではないだろうか（概念形成上そのものが至極困難ではあるが）、と訳者には思えてならないのである。

ここまで、エヴァンス氏の知的探求の旅を辿りながら、なぜエヴァンス氏がラカンを否定するようになったのか、そして、本当にラカンの学説はまったくの見当違いだったのか、という問題について私なりの考えを述べてきた。そして、結局のところ、エヴァンス氏が述べていることにも妥当性はあるが、だからといって、それを一般化するのはやや自己中心的にすぎる考えなのではないか、という結論に至った。言い換えれば、ラカンの哲学的な学説、また精神分析法は、場合によっては有効であり、またそうでない時もあるのではないだろうか。一つ、エヴァンス氏自身が重要なことを示唆している。それは、患者にとって、ラカン的治療法が負に作用しているのであれば、セラピストは別の方法を考慮すべきである、ということである。サイズの合わないドライバーでネジを締めようとすれば、ネジが壊れてしまうことがあるように、不適切な治療法を使い続ければ患者の抱える問題がこじれてしまうことがある。専門家として、効果のない治療法を使い続け、症状を悪化させることは倫理的に許されない。ラカン式療法の効果が見られないのであれば、あるいは直感や共感に頼った方が良いのかもしれない。セラピスト自身が一番効果的なツールなのだから。

出版者から

小社では当初、本書の出版に際し「ラカンからダーウィンへ」に対する日本人研究者からの反論あるいはコメントを同時に収録し、本書全体を一つの論争の場とすることを目論んでいました。エヴァンス氏自身もこの計画に対して全面的な賛意を示されたため、さっそく複数の研究者に寄稿を依頼するコンタクトを試みました。しかしながら、結果的にいずれの依頼先からも快諾の返事が得られず、計画したような論文集の出版は難しいように見えました。このことを再びエヴァンス氏に伝えたところ、欧米でも似たような状況で、表立ったラカン派からの反批判は論文発表後もほとんど現れなかったようです。エヴァンス氏が「四年の後に」の最後の箇所で、多くの著名な日本のラカン主義者たちが論文集への寄稿を拒んだことは驚きではなかった、と述べているのはこのことを指しています。ただ、小社では、数名の研究者から謝絶の返信を受けとったあと、さらに積極的にこのテーマに関するコメントを求め続けたわけではなく、したがって必ずしもエヴァンス氏が述べるように多くのラカン主義者たちによって拒絶されたというわけではありません。また、エヴァンス氏が治療技法としてのラカン派の精神分析そのものを否定している以上、たとえラカン派を擁護する寄稿が得られたとしても、せいぜい相互の議論の前提を確認しあうだけの構成にしか成りえなかったかもしれません。事実、ラカン派の技法のどの部分に問題があるのかといった具体的な問題提起がない以上なにも反論のしようがない、という専門家からのご指摘もありました。このような事情のもとに、小社では当初の方針を見直し、ラカンとは一定の距離をおくアメリカ合衆国でカウンセラーとしての教育を受けた冨岡伸一郎氏による解説を加えた上で、エヴァンス氏の問題提起を、ラカン主義者からの反論とはひとまず切離して、日本の読者に提供させていただくことにいたしました。

ディラン・エヴァンス（Dylan Evans）

1966年英国ブリストル生まれ。ロンドン・スクール・オブ・エコノミクス，ニューヨーク市立大学，ケント大学，イギリスサウサンプトン大学などで心理学，ロボット工学，医学哲学，精神分析などを研究。現在，アイルランドのUniversity College Cork，医学部で行動科学部門のレクチャラーを務める。主な著書にEmotion, Evolution and Rationality. Oxford: Oxford Univ Pr. 2004（edited with Pierre Cruse）（邦訳『感情』遠藤利彦訳，岩波書店），Introducing Evolutionary Psychology. London: Icon, and New York: Totem.1999（with Oscar Zarate）（邦訳，『超図説 目からウロコの進化心理学入門—人間の心は10万年前に完成していた』小林司訳，講談社）ほか多数。
http://www.dylan.org.uk/

桜井直文（さくらい・なおふみ）

1948年宮城県生まれ。一橋大学大学院社会学研究科博士課程中退。ヨーロッパ17世紀思想史専攻。現在，明治大学法学部教授。主な著書・訳書に『ミッシェル・フーコー［真理の歴史］』（新評論），『スピノザと政治的なもの』（共著：平凡社），イリイチ『生きる思想』（監訳：藤原書店），オング『声の文化と文字の文化』（共訳：藤原書店）など。

冨岡伸一郎（とみおか・しんいちろう）

1982年東京都生まれ。シラキュース大学心理学科を経て，コロンビア大学ティーチャーズ・カレッジ心理カウンセリング学科修士課程修了。現在，都内の路上生活者支援施設で相談員として活動中。

ラカンは間違《まちが》っている
精神分析から進化論へ

著　者　ディラン・エヴァンス
監訳者　桜井直文
訳　者　冨岡伸一郎
印刷日　2010年2月15日
発行日　2010年3月1日
制　作　グループ&プロダクツ

発行所　株式会社 学 樹 書 院
151-0071　東京都渋谷区本町1-4-3
TEL 03 5333 3473　FAX 03 3375 2356
http://www.gakuju.com
印刷・製本　モリモト印刷株式会社

ISBN 978-4-906502-34-9 C1010
Printed and bound in Japan